школа - škola	2
падарожжа - putešestvie	5
транспарт - transport	8
горад - gorod	10
краявід - landšaft	14
рэстаран - restoran	17
супермаркет - supermarket	20
напоі - napitki	22
ежа - eda	23
сядзіба - ferma	27
дом - dom	31
жылы пакой - gostinaâ	33
кухня - kuhnâ	35
ванная - vannaâ komnata	38
дзіцячы пакой - detskaâ komnata	42
адзенне - odežda	44
офіс - ofis	49
эканоміка - èkonomika	51
прафесіі - professii	53
інструменты - instrumenty	56
музычныя інструменты - muzykal'nye instrumenty	57
заапарк - zoopark	59
спорт - sport	62
дзейнасць - dejstviâ	63
сям'я - sem'â	67
цела - telo	68
шпіталь - bol'nica	72
экстраная дапамога - neotložnyj slučaj	76
Зямля - zemlâ	77
гадзіннік - časy	79
тыдзень - nedelâ	80
год - god	81
формы - formy	83
колеры - cveta	84
супрацьлегласці - protivopoložnosti	85
лічбы - cyfry	88
мовы - âzyki	90
хто / што / як - kto / čto / kak	91
дзе - gde	92

Impressum
Verlag: BABADADA GmbH, Nedderfeld 112 , 22529 Hamburg
Geschäftsführer / Verlagsleitung: Harald Hof
Druck: Books on Demand GmbH, In de Tarpen 42, 22848 Norderstedt

Imprint
Publisher: BABADADA GmbH, Nedderfeld 112 , 22529 Hamburg, Germany
Managing Director / Publishing direction: Harald Hof
Print: Books on Demand GmbH, In de Tarpen 42, 22848 Norderstedt, Germany

школа
škola

класны пакой / klassnaâ komnata

дзяліць / delit'

дошка / doska

школьны двор / škol'nyj dvor

настаўнік / učitel'

папера / bumaga

пісаць / pisat'

ручка / ručka

пісьмовы стол / pis'mennyj stol

лінейка / linejka

кніга / kniga

вучань / učenik

ранец
ranec

пенал
penal

просты аловак
karandaš

тачылка для алоўкаў
točilka

гумка
lastik

альбом для малявання
al'bom dlâ risovaniâ

малюнак
risunok

пэндзлік
kistočka

фарбы
korobka krasok

нажніцы
nožnicy

клей
klej

сшытак
tetrad'

хатняе заданне
domašnââ rabota

лік
cyfra

дадаваць
pribavlât'

адымаць
vyčitat'

множыць
umnožat'

лічыць
sčitat'

літара
bukva

алфавіт
alfavit

слова
slovo

школа - škola

тэкст — tekst   чытаць — čitať   крэйда — mel

ўрок — urok   класны журнал — klassnyj žurnal   экзамен — èkzamen

атэстат — diplom   школьная форма — škol'naâ forma   адукацыя — obrazovanie

энцыклапедыя — èncyklopediâ   універсітэт — universitet   мікраскоп — mikroskop

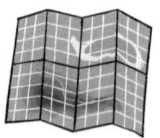 

карта — karta   смеццевы кошык — korzina dlâ bumag

падарожжа
putešestvie

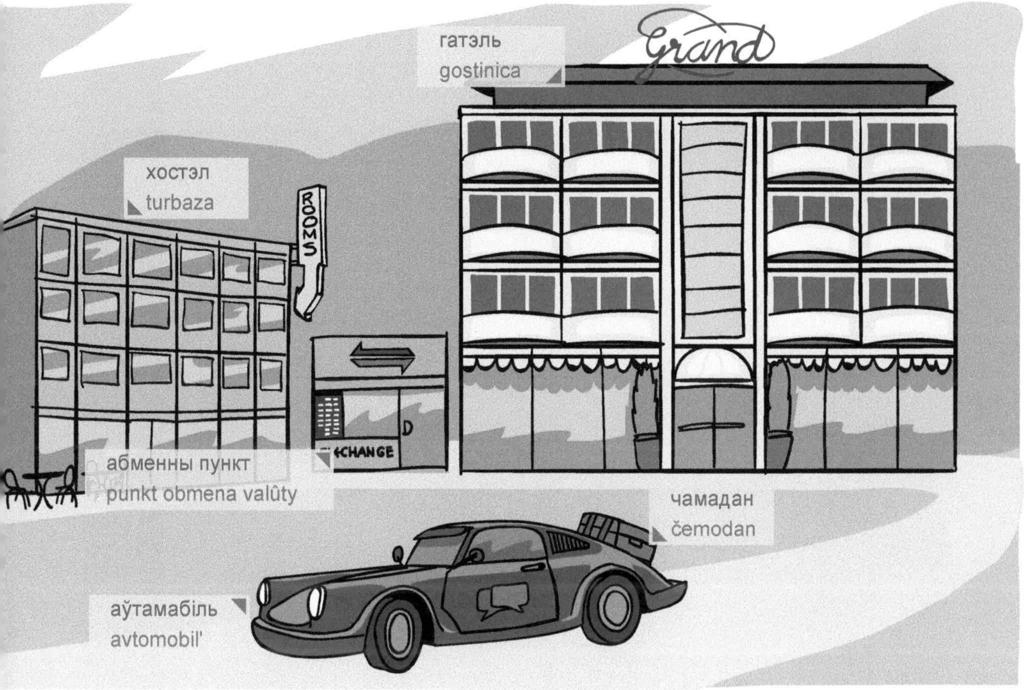

гатэль / gostinica

хостэл / turbaza

абменны пункт / punkt obmena valûty

чамадан / čemodan

аўтамабіль / avtomobil'

мова

âzyk

так / не

da / net

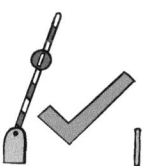

добра

horošo

прывітанне!

Privet

перекладчык

perevodčik

дзякуй

Spasibo

Колькі каштуе....?
Skol'ko stoit...?

я не разумею
Â ne ponimaû

праблема
problema

Добры вечар!
Dobryj večer!

Добрай раніцы!
Dobroe utro!

Дабранач!
Dobroj noči!

да пабачэння
Do svidaniâ

кірунак
napravlenie

багаж
bagaž

сумка
sumka

заплечнік
rûkzak

госць
gost'

пакой
komnata

спальны мяшок
spal'nyj mešok

палатка
palatka

падарожжа - putešestvie

нфармацыя для турыстаў

turističeskaâ informacyâ

пляж

plâž

крэдытная картка

kreditnaâ kartočka

снеданне

zavtrak

абед

obed

вячэра

užyn

праязны білет

bilet

ліфт

lift

паштовая марка

počtovaâ marka

мяжа

granica

мытня

tamožnâ

пасольства

posol'stvo

віза

viza

пашпарт

pasport

падарожжа - putešestvie

транспарт
transport

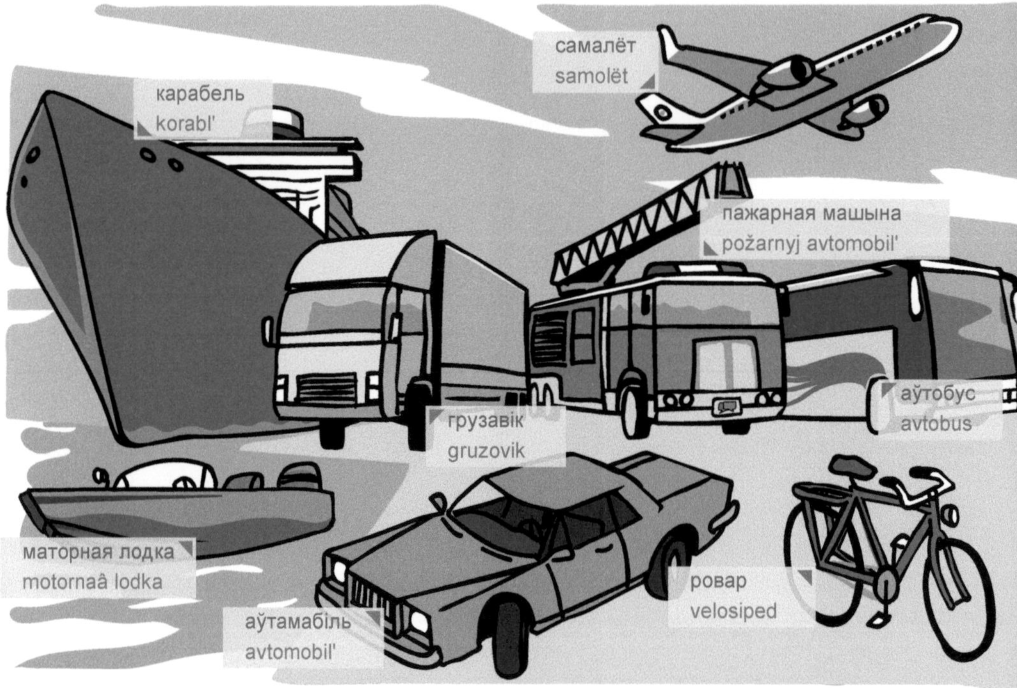

карабель
korabl'

самалёт
samolët

пажарная машына
pożarnyj avtomobil'

аўтобус
avtobus

грузавік
gruzovik

маторная лодка
motornaâ lodka

аўтамабіль
avtomobil'

ровар
velosiped

паром
parom

лодка
lodka

матацыкл
motocykl

паліцэйская машына
policejskij avtomobil'

гоначны аўтамабіль
gonočnyj avtomobil'

арэндаваны аўтамабіль
arendovannyj avtomobil'

сумеснае карыстанне аўтамабілем
sovmestnoe pol'zovanie avtomobilâmi

эвакуатар
buksirovočnyj avtomobil'

смеццявоз
musorovoz

матор
dvigatel'

паліва
toplivo

запраўка
zapravka

дарожны знак
dorožnyj znak

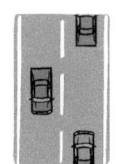
дарожны рух
dviženie

затор
probka

паркоўка
avtostoânka

чыгуначная станцыя
vokzal

рэйкі
rel'sy

цягнік
poezd

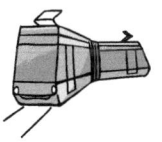
трамвай
tramvaj

вагон
vagon

верталёт
vertolët

аэрапорт
aèroport

вежа
vyška

пасажыр
passažyr

кантэйнер
kontejner

кардонная скрыня
korobka

тачка
teležka

карзіна
korzina

ўзлятаць / прызямляцца
vzletat' / prizemlât'sâ

горад
gorod

вёска
derevnâ

цэнтр горада
centr goroda

дом
dom

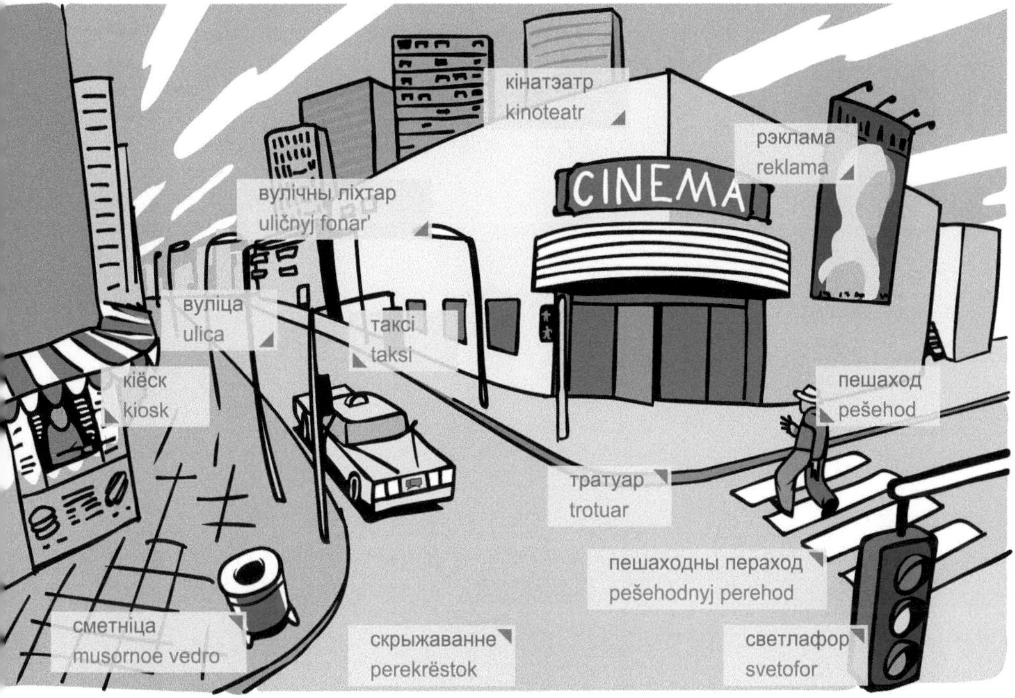

кінатэатр / kinoteatr

рэклама / reklama

вулічны ліхтар / uličnyj fonar'

вуліца / ulica

таксі / taksi

пешаход / pešehod

кіёск / kiosk

тратуар / trotuar

пешаходны пераход / pešehodnyj perehod

сметніца / musornoe vedro

скрыжаванне / perekrëstok

светлафор / svetofor

халупа
hižyna

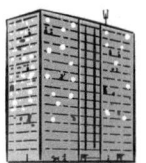

кватэра
kvartira

чыгуначная станцыя
vokzal

ратуша
ratuša

музей
muzej

школа
škola

горад - gorod

універсітэт
universitet

банк
bank

шпіталь
bol'nica

гатэль
gostinica

аптэка
apteka

офіс
ofis

кнігарня
knižnyj magazin

крама
magazin

кветкавая крама
cvetočnyj magazin

супермаркет
supermarket

кірмаш
rynok

універмаг
univermag

рыбная крама
torgovec ryboj

гандлевы цэнтр
torgovyj centr

порт
port

парк
park

лава
skamejka

мост
most

лесвіца
lestnica

метро
metro

тунэль
tonnel'

прыпынак
avtobusnaâ ostanovka

бар
bar

рэстаран
restoran

паштовая скрыня
počtovyj âšik

вулічны паказальнік
tablička s nazvaniem ulicy

паркамат
parkometr

заапарк
zoopark

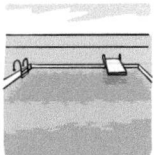

басейн
bassejn

мячэць
mečet'

горад - gorod

сядзіба
ferma

забруджванне навакольнага асяроддзя
zagrâznenie okružaûšej sredy

могілкі
kladbiše

царква
cerkov'

пляцоўка для гульні
detskaâ plošadka

храм
hram

краявід
landšaft

- ліст — list
- паказальнік — dorožnyj ukazatel'
- дарога — doroga
- луг — lug
- падарожнік — putešestvennik
- камень — kamen'
- дрэва — derevo
- рака — reka
- трава — trava
- кветка — cvetok

даліна
dolina

гара
gora

возера
ozero

лес
les

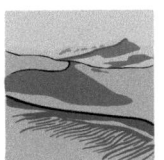
пустыня
pustynâ

вулкан
vulkan

замак
zamok

вясёлка
raduga

грыб
grib

пальма
pal'ma

камар
komar

муха
muha

мурашка
muravej

пчала
pčela

павук
pauk

краявід - landšaft

жук
žuk

жаба
lâguška

вавёрка
belka

вожык
ež

заяц
zaâc

сава
sova

птушка
ptica

лебедзь
lebed'

дзік
kaban

алень
olen'

лось
los'

пляціна
plotina

вятрак
vetrânoj generator

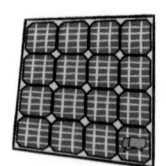

сонечная батарэя
solnečnaâ batareâ

клімат
klimat

краявід - landšaft

рэстаран
restoran

афіцыянт / oficyant
меню / menù
піца / picca
абрус / skatert'
крэсла / stul
суп / sup
сталовыя прыборы / stolovye pribory

закуска
zakuska

другая страва
glavnoe blûdo

дэсерт
desert

напоі
napitki

ежа
eda

бутэлька
butylka

хуткае харчаванне (фаст-фуд)
fastfud

стрыт-фуд
uličnaâ eda

імбрык (чайнік)
čajnik

цукарніца
saharnica

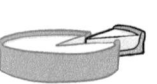

порцыя
porcyâ

эспрэса-машына
kofevarka

дзіцячае крэселка
detskij stul'čik

рахунак
sčet

паднос
podnos

нож
nož

відэлец
vilka

лыжка
ložka

чайная лыжка
čajnaâ ložka

сурвэтка
salfetka

шклянка
stakan

рэстаран - restoran

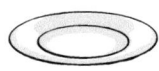

талерка
tarelka

супавая талерка
supovaâ tarelka

сподак
blûdce

соус
sous

сальніца
solonka

млынок для перцу
mel'nica dlâ perca

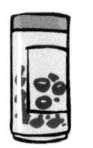

воцат
uksus

алей
maslo

спецыі
specyi

кетчуп
ketčup

гарчыца
gorčica

маянэз
majonez

супермаркет
supermarket

акцыя
specyal'noe predloženie

пакупнік
pokupatel'

малочныя прадукты
moločnye produkty

садавіна
frukty

вазок
teležka dlâ pokupok

мясная крама
mâsnoj magazin

хлебны магазін
pekarnâ

важыць
vzvešyvat'

гародніна
ovoŝi

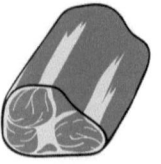

мяса
mâso

свежазамарожаныя прадукты
bystrozamorožennye produkty

супермаркет - supermarket

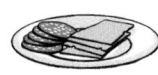
нарэзка
narezka

кансервы
konservy

пральны парашок
stiral'nyj porošok

прысмакі
sladosti

хатнія прылады
predmet domašnego obihoda

чысцячы сродак
moûšee sredstvo

прадавец
prodavŝica

каса
kassa

касір
kassir

спіс пакупак
spisok pokupok

гадзіны працы
vremâ raboty

бумажнік
bumažnik

крэдытная картка
kreditnaâ kartočka

сумка
sumka

пакет
poliètilenovyj paket

супермаркет - supermarket

напоі
napitki

вада
voda

сок
sok

малако
moloko

кола
koka-kola

віно
vino

піва
pivo

алкаголь
alkogol'

какава
kakao

гарбата (чай)
čaj

кава
kofe

эспрэса
èspresso

капучына
kapučino

ежа
eda

банан
banan

яблык
âbloko

апельсін
apel'sin

дыня
arbuz

лімон
limon

морква
morkov'

часнок
česnok

бамбук
bambuk

цыбуля
luk

грыб
grib

арэхі
orehi

локшына
lapša

спагеці
spagetti

рыс
ris

салата
salat

бульба фры
kartofel' fri

смажаная бульба
žarenyj kartofel'

піца
picca

гамбургер
gamburger

бутэрброд
sèndvič

шніцаль
šnicel'

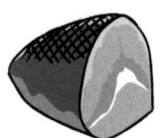

вяндліна
vetčina

салямі
salâmi

каўбаса
kolbasa

курыца
kurica

смажаніна
žarkoe

рыбак
ryba

ежа - eda

аўсяныя камякі — ovsânye hlop'â | мюслі — mûsli | кукурузныя шматкі — kukuruznye hlop'â

мука — muka | круасан — kruassan | булачка — buločka

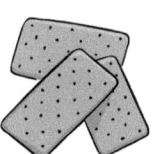

хлеб — hleb | тост — tost | пячэнне — pečen'e

масла — maslo | тварог — tvorog | пірог — pirog

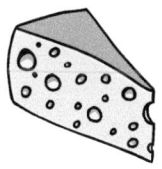

яйка — âjco | яечня — âičnica | сыр — syr

ежа - eda

марожанае
moroženoe

цукар
sahar

мёд
mëd

варэнне
marmelad

нуга
krem s nugoj

кары
karri

сядзіба
ferma

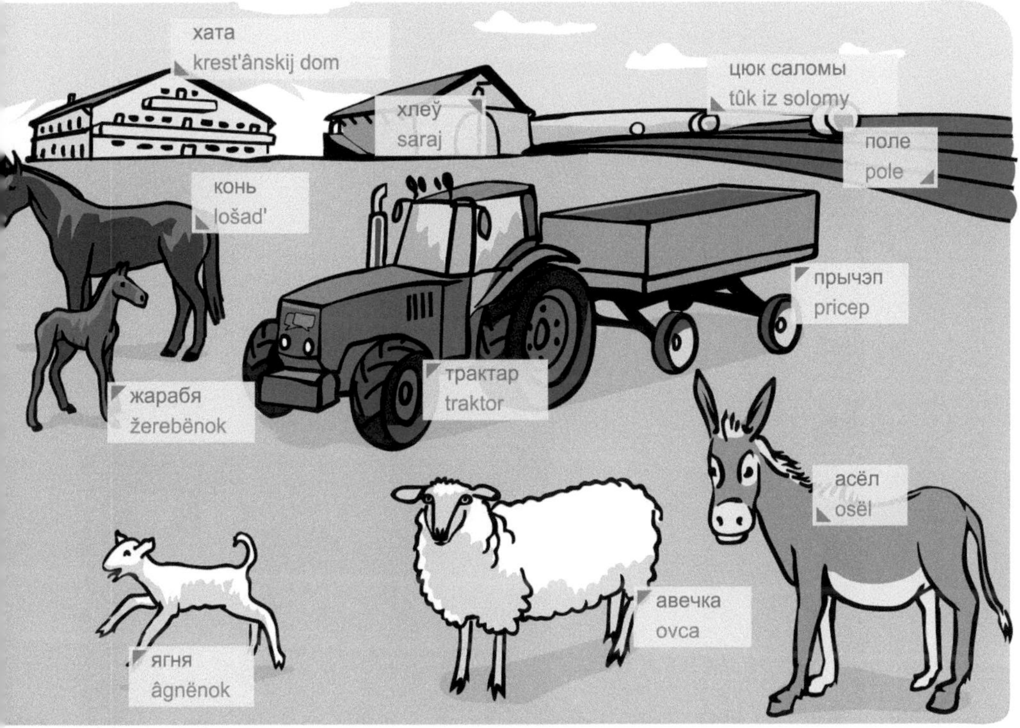

хата / krest'ânskij dom
цюк саломы / tûk iz solomy
хлеў / saraj
поле / pole
конь / lošad'
прычэп / prìcep
жарабя / žerebënok
трактар / traktor
асёл / osël
ягня / âgnënok
авечка / ovca

каза
koza

карова
korova

цяля
telënok

свіння
svin'â

парася
porosënok

бык
byk

сядзіба - ferma

гусак
gus'

качка
utka

кураня
cyplënok

курыца
kurica

певень
petuh

пацук
krysa

кот
koška

мыш
myš'

вол
vol

сабака
sobaka

сабачая будка
konura

садовы шланг
sadovyj šlang

палівачка
lejka

каса
kosa

плуг
plug

серп
serp

матыка
motyga

вілы для гною
navoznye vily

сякера
topor

тачка
tačka

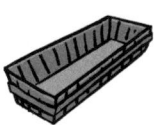

карыта
koryto

бітон для малака
bidon dlâ moloka

мех
mešok

плот
zabor

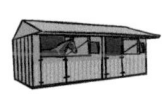

хлеў
hlev

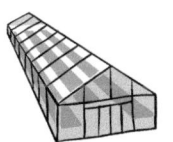

цяпліца
teplica

глеба
počva

насенне
posev

угнаенне
udobrenie

камбайн
kombajn

збірацьураджай

sobirať urožaj

ураджай

urožaj

ямс

âms

пшаніца

pšenica

соя

soâ

бульба

kartofeľ

кукуруза

kukuruza

рапс

raps

садовае дрэва

fruktovoe derevo

маніёк

maniok

збожжа

zlaki

сядзіба - ferma

дом
dom

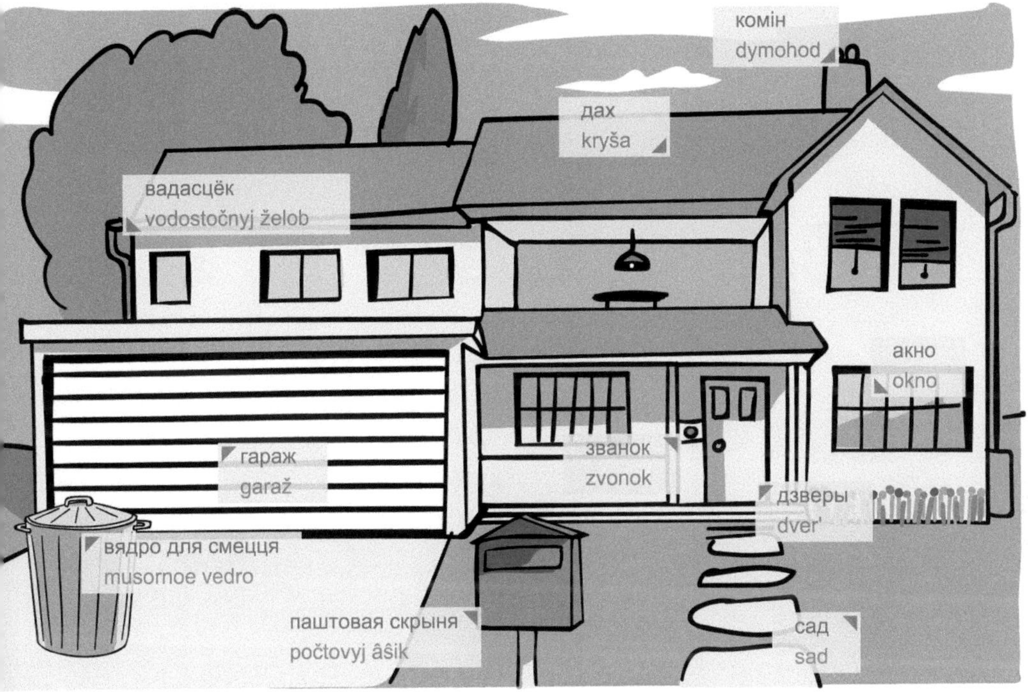

комін
dymohod

дах
kryša

вадасцёк
vodostočnyj želob

акно
okno

гараж
garaž

званок
zvonok

дзверы
dver'

вядро для смецця
musornoe vedro

паштовая скрыня
počtovyj âšik

сад
sad

жылы пакой

gostinaâ

ванная

vannaâ komnata

кухня

kuhnâ

спальны пакой

spal'nâ

дзіцячы пакой

detskaâ komnata

сталоўка

stolovaâ

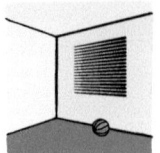

падлога
pol

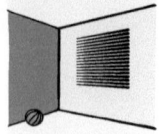

сцяна
stena

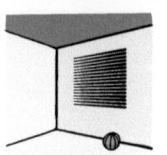

столь
potolok

падвал
podval

саўна
sauna

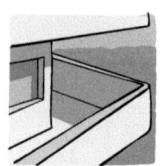

балкон
balkon

тэраса
terrasa

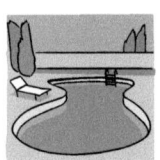

басейн
bassejn

касілка
gazonokosilka

падкоўдранік
pododeâl'nik

коўдра
pokryvalo

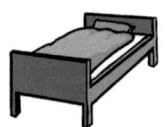

ложак
krovat'

венік
metla

вядро
vedro

выключальнік
vyklûčatel'

дом - dom

жылы пакой
gostinaâ

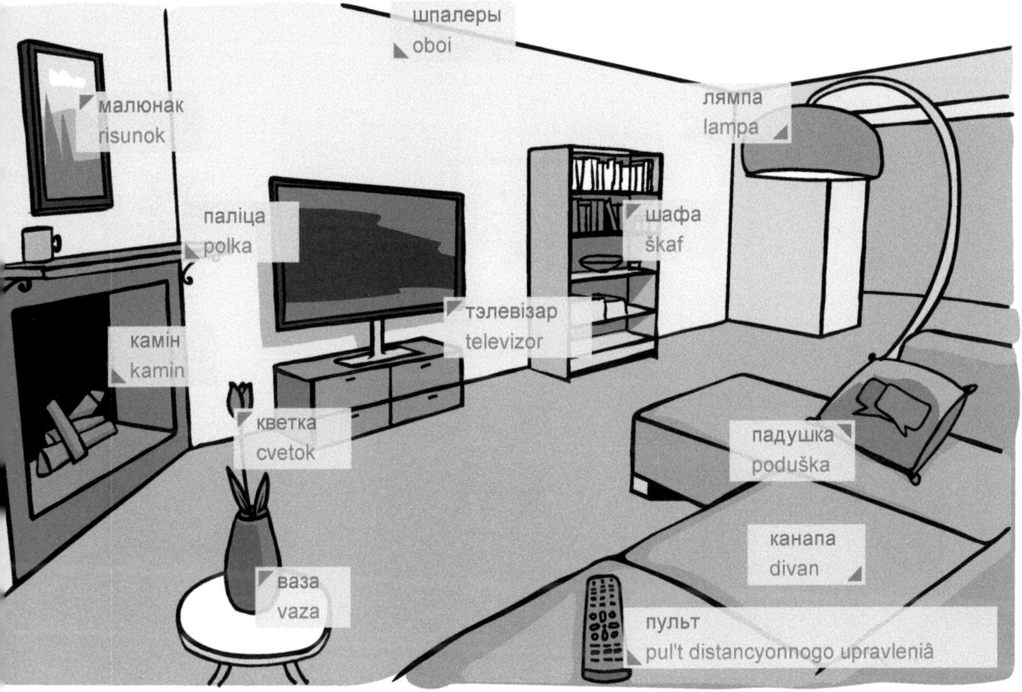

- шпалеры / oboi
- малюнак / risunok
- лямпа / lampa
- паліца / polka
- шафа / škaf
- камін / kamin
- тэлевізар / televizor
- кветка / cvetok
- падушка / poduška
- канапа / divan
- ваза / vaza
- пульт / pul't distancyonnogo upravleniâ

дыван
kovër

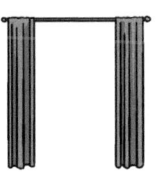

фіранка
štora

стол
stol

крэсла
stul

крэсла-качалка
kreslo-kačalka

крэсла
kreslo

жылы пакой - gostinaâ

кніга
kniga

коўдра
pokryvalo

дэкарацыя
ukrašenie

дровы
drova

кіно
fil'm

стэрэасістэма
stereosistema

ключ
klûč

газета
gazeta

карціна
kartina

постар
plakat

радыё
radio

нататнік
bloknot

пыласос
pylesos

кактус
kaktus

свечка
sveča

кухня
kuhnâ

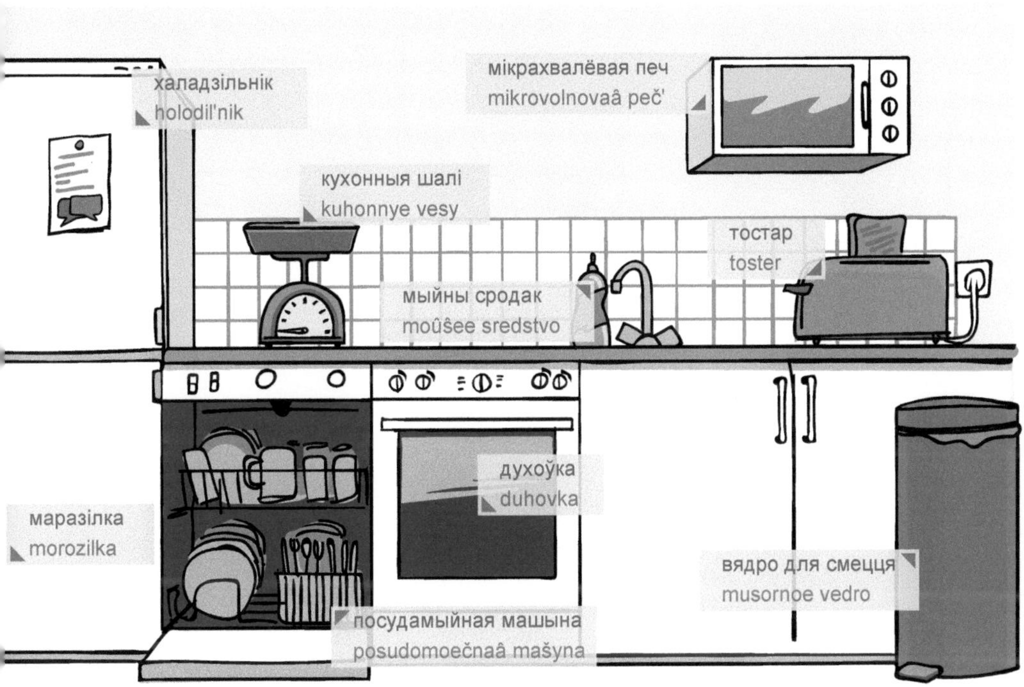

- халадзільнік / holodil'nik
- мікрахвалёвая печ / mikrovolnovaâ peč'
- кухонныя шалі / kuhonnye vesy
- мыйны сродак / moûšee sredstvo
- тостар / toster
- маразілка / morozilka
- духоўка / duhovka
- вядро для смецця / musornoe vedro
- посудамыйная машына / posudomoečnaâ mašyna

пліта
plita

рондаль
kastrûlâ

чыгунок
čugunnyj kotelok

Вок / кадаі
vok / kadaj

патэльня
skovoroda

чайнік
čajnik

параварка
parovarka

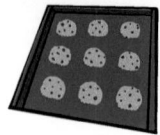
бляха
protiven'

посуд
posuda

кубак
kružka

міска
miska

палачкі для ежы
paločki dlâ edy

чарпак
polovnik

лапатачка
lopatka

збівалка
sbivalka

сіта для варэння
sito

сіта
sito

тарка
tërka

ступка
stupka

грыль
gril'

вогнішча
kostër

дошка
doska

качалка
skalka

штопар
štopor

бляшанка
žestânaâ banka

адкрывалка
konservnyj nož

прыхваткі
prihvatka

ракавіна
rakovina

шчотка
šetka

губка
gubka

міксер
mikser

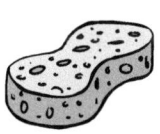
маразільная камера
morozil'naâ kamera

бутэлечка
butyločka dlâ kormleniâ

вадаправодны кран
kran

кухня - kuhnâ

ванная
vannaâ komnata

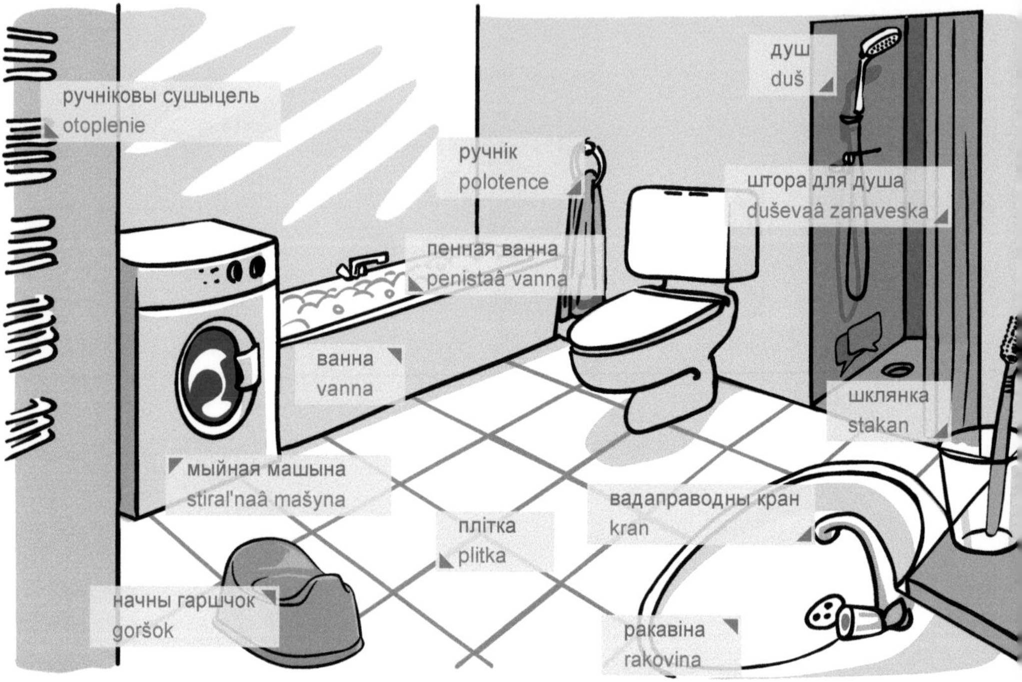

- ручніковы сушыцель / otoplenie
- душ / duš
- ручнік / polotence
- штора для душа / duševaâ zanaveska
- пенная ванна / penistaâ vanna
- ванна / vanna
- шклянка / stakan
- мыйная машына / stiral'naâ mašyna
- плітка / plitka
- вадаправодны кран / kran
- начны гаршчок / goršok
- ракавіна / rakovina

туалет
tualet

падлогавы ўнітаз
napol'nyj unitaz

бідэ
bide

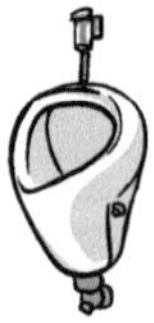

пісуар
pissuar

туалетная папера
tualetnaâ bumaga

шчотка для чысткі ўнітаза
eršyk

38 ванная - vannaâ komnata

зубная шчотка

zubnaâ šetka

зубная паста

zubnaâ pasta

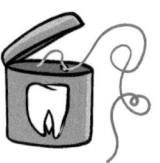

зубная нітка

zubnaâ niť

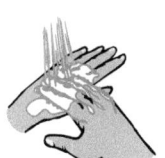

мыць

myť

ручны душ

ručnoj duš

інтымны душ

intimnyj duš

умывальнік

taz

шчотка для спіны

šetka dlâ spiny

мыла

mylo

гель для душа

gel' dlâ duša

шампунь

šampun'

вяхотка

močalka

вадасцёк

stok

крэм

krem

дэзадарант

dezodorant

ванная - vannaâ komnata

люстэрка	касметычнае люстэрка	станок для галення
zerkalo	ručnoe zerkalo	britva

  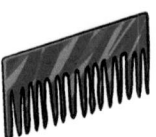

пена для галення	ласьён пасля галення	грэбень
pena dlâ brit'â	los'on posle brit'â	rasčeska

шчотка	фен	лак для валасоў
šetka	fen	lak dlâ volos

касметыка	памада	лак для пазногцяў
kosmetika	gubnaâ pomada	lak dlâ nogtej

вата	манікюрныя нажніцы	духі
vata	manikûrnye nožnicy	duhi

ванная - vannaâ komnata

касметычка
kosmetička

табурэтка
taburetka

вагі
vesy

лазневы халат
halat

санітарныя пальчаткі
rezinovye perčatki

тампон
tampon

гігіенічныя пракладкі
gigieničeskaâ prokladka

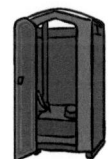
біятуалет
biotualet

дзіцячы пакой

detskaâ komnata

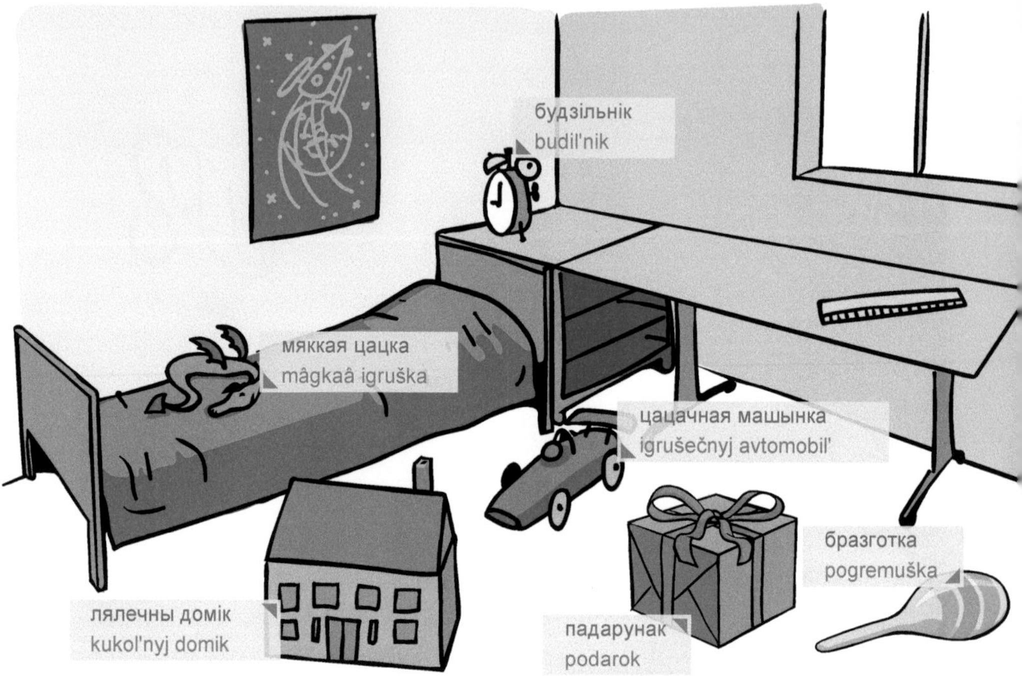

будзільнік
budil'nik
мяккая цацка
mâgkaâ igruška
цацачная машынка
igrušečnyj avtomobil'
бразготка
pogremuška
лялечны домік
kukol'nyj domik
падарунак
podarok

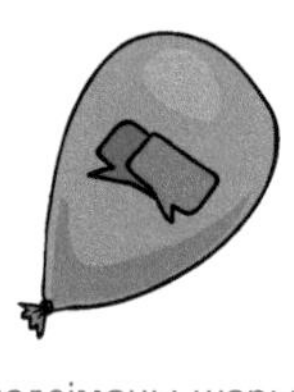

надзіманы шарык

vozdušnyj šar

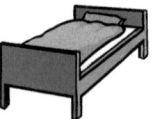

ложак

krovat'

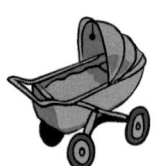

дзіцячая каляска

detskaâ kolâska

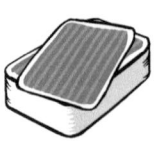

калода картаў

kartočnaâ igra

пазл

pazl

SUPER
MEGA

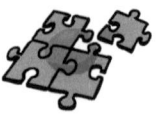

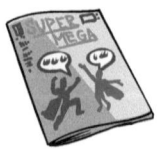

комікс

komiks

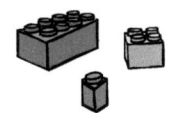  

канструктар "Лега"	канструктар	экшэн-фігурка
kirpičiki Lego	kubiki	igrušečnaâ figurka

  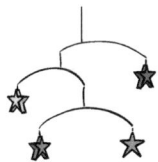

дзіцячы гарнітур	фрызбі	дзіцячы мабіль
polzunki	frisbi	mobile

настольная гульня	кубік	дзіцячая чыгунка
nastol'naâ igra	kubik	model' železnoj dorogi

пустышка	дзіцячае свята	кніга з малюнкамі
soska	večerinka	kniga s kartinkami

мячык	лялька	гуляцца
mâč	kukla	igrat'

пясочніца
pesočnica

арэлі
kačeli

цацкі
igruška

гульнявая відэа прыстаўка
igrovaâ pristavka

трохколавы ровар
trëhkolesnyj velosiped

плюшавы мішка
plûševyj medvežonok

шафа
škaf dlâ odeždy

адзенне
odežda

шкарпэткі
noski

панчохі
čulki

калготкі
kolgotki

шалік / šarf

парасон / zontik

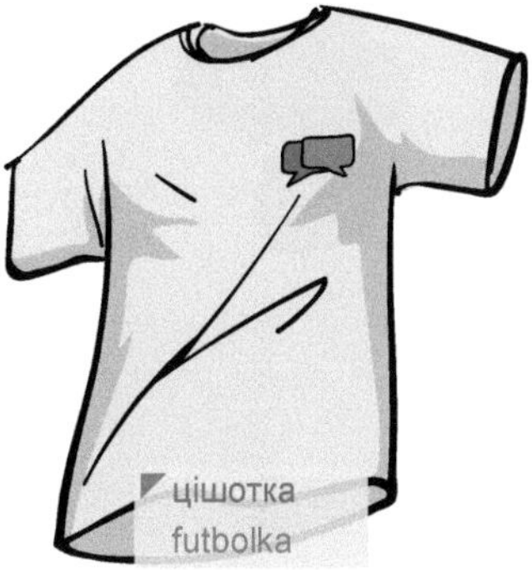

цішотка / futbolka

рамень / remen'

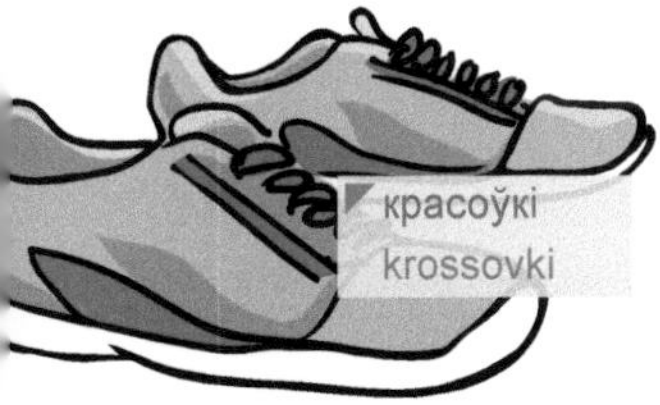

боты / sapogi

пантоплі / tapki

красоўкі / krossovki

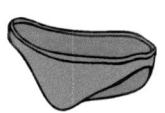

сандалі
sandalii

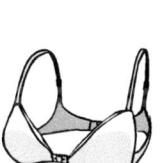

абутак
botinki

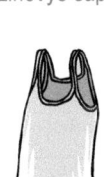

гумовыя боты
rezinovye sapogi

трусы
trusy

бюстгальтар
bûstgal'ter

майка
majka

адзенне - odežda

бодзі
bodi

штаны
brûki

джынсы
džynsy

спадніца
ûbka

блузка
bluzka

кашуля
rubaška

джэмпер
sviter

талстоўка
sviter

блэйзер
sportivnaâ kurtka

куртка
žaket

паліто
pal'to

дажджавік
plaš

касцюм
kostûm

сукенка
plaťe

вясельная сукенка
svadebnoe plaťe

касцюм
mužskoj kostûm

начная сарочка
nočnaâ soročka

піжама
pižama

сары
sari

хустка
platok

цюрбан
tûrban

паранджа
parandža

каптан
kaftan

Абая
abajâ

купальнік
kupal'nik

плаўкі
plavki

шорты
šorty

спартыўны касцюм
sportivnyj kostûm

фартух
fartuk

пальчаткі
perčatki

адзенне - odežda 47

гузік
pugovica

акуляры
očki

бранзалет
braslet

каралі
cepočka

кальцо
kol'co

завушніца
ser'ga

кепка
šapka

вешалка
vešalka

капялюш
šlâpa

гальштук
galstuk

маланка
zastežka molniâ

шлем
šlem

падцяжкі
podtâžki

школьная форма
škol'naâ forma

уніформа
forma

адзенне - odežda

нагруднік
detskij nagrudnik

пустышка
soska

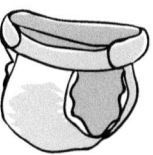
падгузнік
podguznik

офіс
ofis

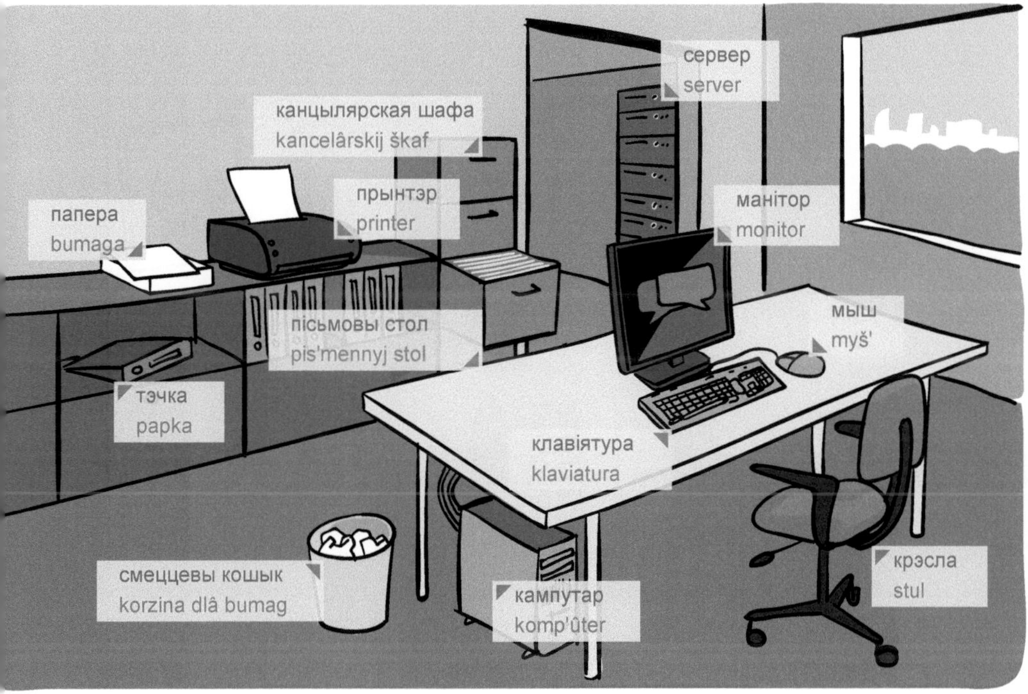

- сервер / server
- канцылярская шафа / kancelârskij škaf
- прынтэр / printer
- манітор / monitor
- папера / bumaga
- мыш / myš'
- пісьмовы стол / pis'mennyj stol
- тэчка / papka
- клавіятура / klaviatura
- смеццевы кошык / korzina dlâ bumag
- кампутар / komp'ûter
- крэсла / stul

кубак для кавы (філіжанка)
kofejnaâ kružka

калькулятар
kal'kulâtor

інтэрнэт
internet

ноўтбук
noutbuk

ліст
pis'mo

паведамленне
soobšenie

мабільны тэлефон
mobil'nyj telefon

сетка
set'

ксеракс
kseroks

праграмнае забеспячэнне
programma

тэлефон
telefon

разетка
rozetka

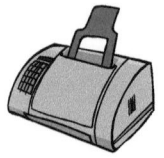
факс
faks

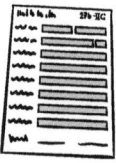
фармуляр
formulâr

дакумент
dokument

офіс - ofis

эканоміка
èkonomika

купляць
pokupat'

плаціць
platit'

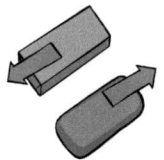

гандляваць
torgovat'

грошы
den'gi

долар
dollar

еўра
evro

ена
iena

рубель
rubl'

франк
frank

кітайскі юань
žèn'min'bi ûan'

рупія
rupiâ

банкамат
bankomat

абменны пункт
punkt obmena valûty

золата
zoloto

срэбра
serebro

нафта
neft'

энергія
ènergiâ

цана
cena

кантракт
dogovor

падатак
nalog

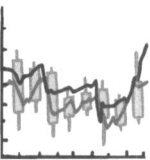
акцыя
akcyâ

працаваць
rabotat'

служачы
služašij

працадаўца
rabotodatel'

фабрыка
fabrika

крама
magazin

эканоміка - èkonomika

прафесіі
professii

паліцыянт
milicyoner

пажарны
požarnyj

кухар
povar

доктар
vrač

пілот
pilot

садоўнік
sadovnik

слесар
stolâr

швачка
šveâ

суддзя
sud'â

хімік
himik

артыст
aktër

кіроўца аўтобуса
voditel' avtobusa

таксіст
taksist

рыбак
rybak

прыбіральшчыца
uboršica

страхар
krovel'šik

афіцыянт
oficyant

паляўнічы
ohotnik

мастак
hudožnik

пекар
pekar'

электрык
èlektrik

будаўнік
stroitel'

інжынер
inžener

мяснік
mâsnik

сантэхнік
santehnik

паштальён
počtal'on

салдат
soldat

архітэктар
arhitektor

касір
kassir

фларыст
florist

цырульнік
parikmaher

кандуктар
konduktor

механік
mehanik

капітан
kapitan

стаматолаг
zubnoj vrač

вучоны
učenyj

рабін
ravvin

імам
imam

манах
monah

святар
svâšennik

прафесіі - professii

інструменты
instrumenty

малаток
molotok

пласкагубцы
ploskogubcy

адвёртка
otvërtka

гаечны ключ
gaečnyj klûč

ліхтарык
karmannyj fonar

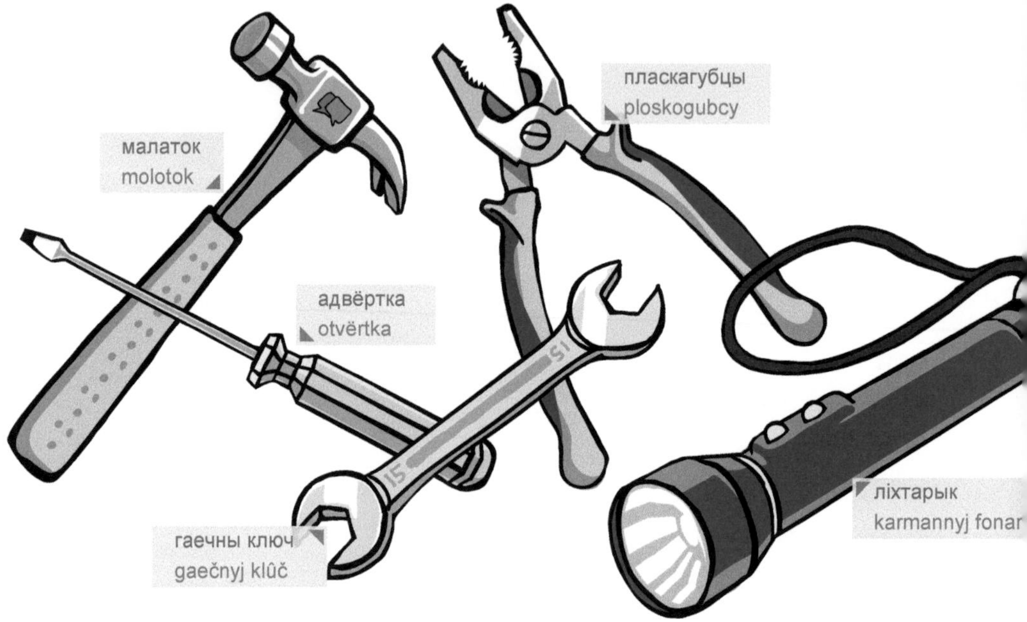

экскаватар
èkskavator

скрыня для інструментаў
âšik dlâ instrumentov

драбіны
stremânka

піла
pila

цвікі
gvozdi

дрыль
drel'

56 інструменты - instrumenty

рамантаваць
remontirovat'

рыдлеўка
lopata

Халера!
Blin!

шуфлік для смецця
sovok

вядро з фарбаю
vedro s kraskoj

балты
vinty

музычныя інструменты
muzykal'nye instrumenty

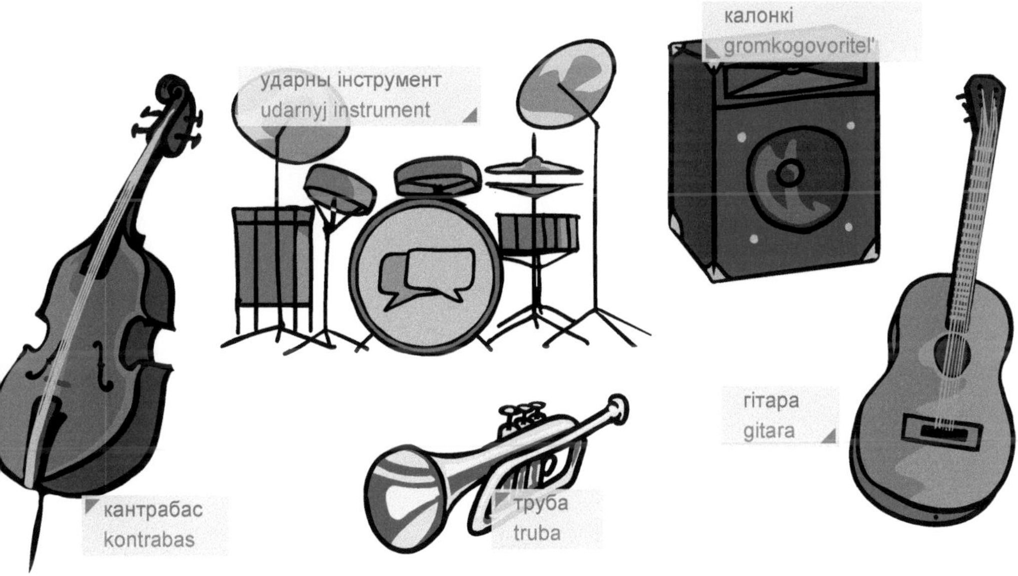

калонкі
gromkogovoritel'

ударны інструмент
udarnyj instrument

гітара
gitara

кантрабас
kontrabas

труба
truba

 піяніна pianino	 скрыпка skripka	 басгітара bas-gitara
 літаўры litavry	 барабан baraban	 клавішны электрамузычны інструмент sintezator
 саксафон saksofon	 флейта flejta	 мікрафон mikrofon

заапарк
zoopark

увахoд / vhod

тыгр / tigr

клетка / kletka

зебра / zebra

корм для жывёл / korm

панда / panda

жывёлы
žyvotnye

слон
slon

кенгуру
kenguru

насарог
nosorog

гарыла
gorilla

мядзведзь
medved'

вярблюд
verblûd

стравус
straus

леў
lev

малпа
obez'âna

фламінга
flamingo

папугай
popugaj

белы мядзведзь
belyj medved'

пінгвін
pingvin

акула
akula

паўлін
pavlin

змяя
zmeâ

кракадзіл
krokodil

наглядчык заапарка
služytel' zooparka

цюлень
tûlen'

ягуар
âguar

60   заапарк - zoopark

поні
poni

леапард
leopard

бегемот
begemot

жыраф
žyraf

арол
orël

дзік
kaban

рыбак
ryba

чарапаха
čerepaha

морж
morž

ліса
lisa

газель
gazel'

заапарк - zoopark

спорт
sport

амерыканскі футбол / amerikanskij futbol	веласпорт / ezda na velosipede	тэніс / tennis
баскетбол / basketbol	плаванне / plavanie	бокс / boks
хакей з шайбай / hokkej		

футбол	бадмінтон	лёгкая атлетыка
futbol	badminton	lëgkaâ atletika

гандбол	горныя лыжы	пола
gandbol	lyžnyj sport	polo

дзейнасць
dejstviâ

скакаць / prygat'
смяяцца / smeât'sâ
абдымаць / obnimat'
ісці / idti
спяваць / pet'
маліцца / molit'sâ
цалаваць / celovat'
марыць / mečtat'

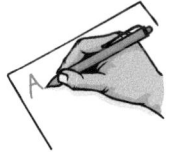

пісаць
pisat'

маляваць
risovat'

паказваць
pokazyvat'

націснуць
nažymat'

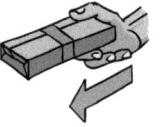

даваць
davat'

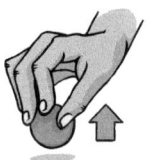

браць
brat'

маць
imetʹ

выконваць
delatʹ

быць
bytʹ

стаяць
stoâtʹ

бегчы
bežatʹ

цягнуць
tânutʹ

кідаць
brosatʹ

падаць
padatʹ

ляжаць
ležatʹ

чакаць
ždatʹ

насіць
nositʹ

сядзець
sidetʹ

апранацца
nadevatʹ

спаць
spatʹ

прачынацца
prosypatʹsâ

дзейнасць - dejstviâ

глядзець
rassmatrivat'

плакаць
plakat'

лашчыць
gladit'

прычэсвацца
pričesyvat'

гаварыць
govorit'

разумець
ponimat'

пытаць
sprašyvat'

чуць
slušat'

піць
pit'

есці
kušat'

прыбіраць
navodit' porâdok

кахаць
lûbit'

гатаваць
gotovit'

ехаць
ehat'

лятаць
letat'

дзейнасць - dejstviâ

плаваць пад ветразем	лічыць	чытаць
hodit' pod parusom	sčitat'	čitat'

вучыць	працаваць	уступаць у шлюб
učit'sâ	rabotat'	vstupat' v brak

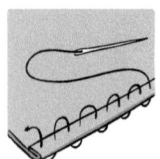 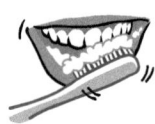 

шыць	чысціць зубы	забіваць
šyt'	čistit' zuby	ubivat'

 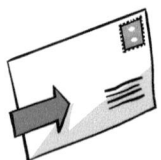

курыць	пасылаць
kurit'	otpravlât'

дзейнасць - dejstviâ

сям'я
sem'â

бабуля / babuška
дзядуля / deduška
бацька / papa
маці / mama
дзіця / mladenec
дачка / doč'
сын / syn

госць
gosť

цётка
tetâ

дзядзька
dâdâ

брат
brat

сястра
sestra

цела
telo

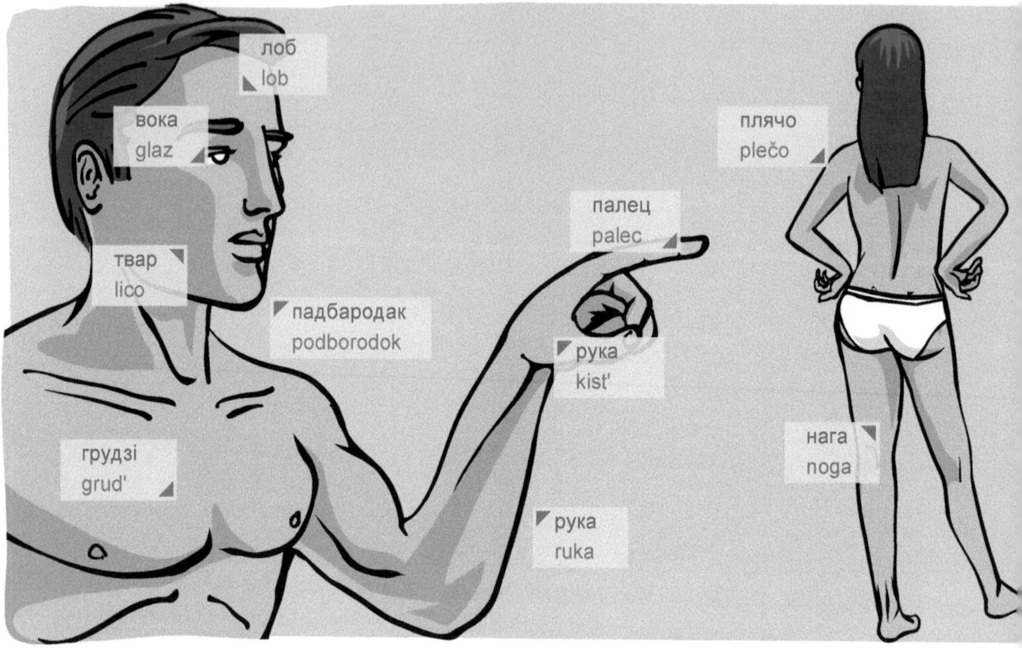

лоб / lob
вока / glaz
твар / lico
грудзі / grud'
падбародак / podborodok
палец / palec
рука / kisť
рука / ruka
плячо / plečo
нага / noga

дзіця
mladenec

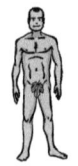
мужчына
mužčina

жанчына
ženšina

дзяўчынка
devočka

хлопчык
mal'čik

галава
golova

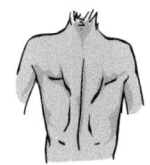

спіна
spina

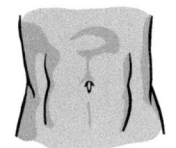

жывот
žyvot

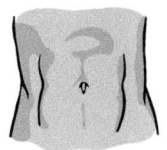

пуп
pupok

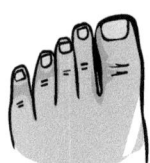

палец нагі
palec nogi

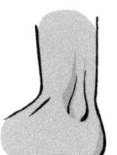

пятка
pâtka

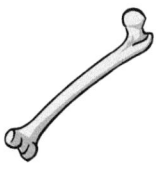

костка
kosť

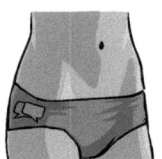

бядро
bedro

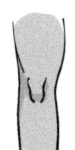

калена
koleno

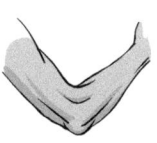

локаць
lokoť

нос
nos

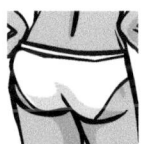

ягадзіца
âgodicy

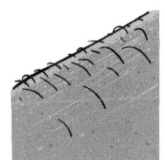

скура
koža

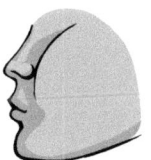

шчака
šeka

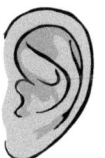

вуха
uho

губа
guba

цела - telo

 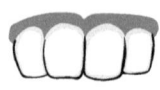 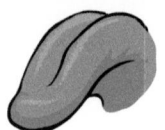

рот	зуб	язык
rot	zub	âzyk

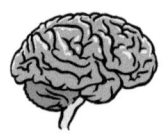 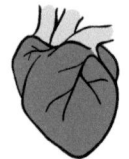 

галаўны мозг	сэрца	мышца
mozg	serdce	myšca

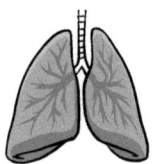  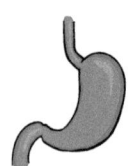

лёгкае	пячонка	страўнік
lëgkoe	pečen'	želudok

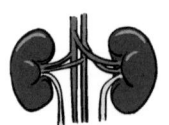  

ныркі	сэкс	прэзерватыў
počki	polovoj akt	prezervativ

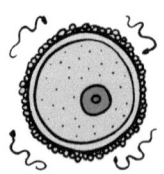  

яйцаклетка	сперма	цяжарнасць
âjcekletka	sperma	beremennost'

цела - telo

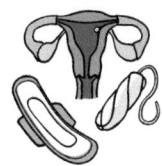
менструацыя
menstruacyâ

похва
vagina

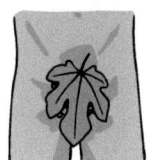
пеніс
penis

брыво
brov'

валасы
volosy

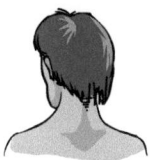
шыя
šeâ

шпіталь
bol'nica

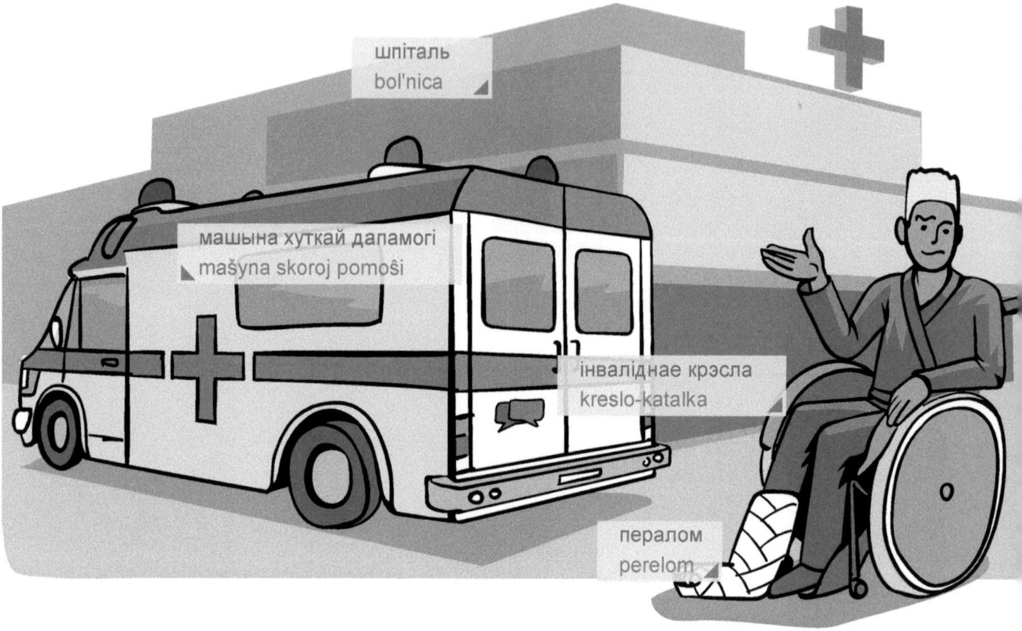

шпіталь
bol'nica

машына хуткай дапамогі
mašyna skoroj pomoŝi

інвалідная крэсла
kreslo-katalka

пералом
perelom

доктар

vrač

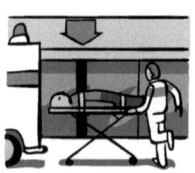

аддзяленне першай дапамогі

punkt pervoj pomoŝi

медсястра

medsestra

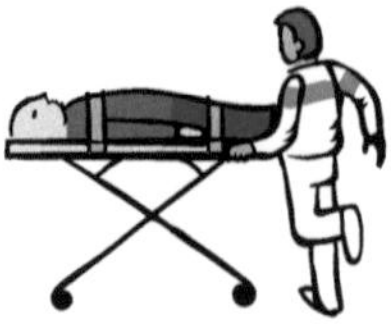

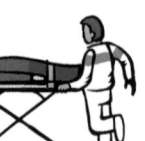

экстраная дапамога

neotložnyj slučaj

непрытомны

bez soznaniâ

боль

bol'

траўма
povreždenie

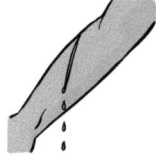

крывацёк
krovotečenie

інфаркт
infarkt

апаплексія
insul't

алергія
allergiâ

кашаль
kašel'

гарачка
povyšennaâ temperatura

грып
gripp

панос
ponos

галаўны боль
golovnaâ bol'

рак
rak

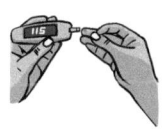

дыябет
diabet

хірург
hirurg

скальпель
skal'pel'

аперацыя
operacyâ

шпіталь - bol'nica

	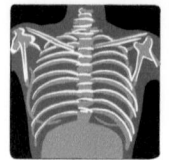	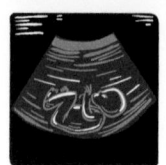
КТ KT	рэнтген rentgen	ультрагук ul'trazvuk

маска maska	хвароба bolezn'	пачакальня priëmnaâ

мыліца kostyl'	пластыр plastyr'	бінт bint
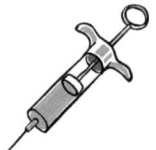	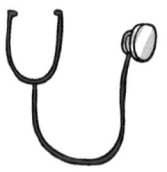	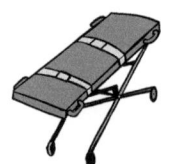
ін'екцыя ukol	стэтаскоп stetoskop	насілкі nosilki

градуснік termometr	нараджэнне roždenie	лішняя вага izbytočnyj ves

шпіталь - bol'nica

слухавы апарат
sluhovoj apparat

дэзінфекцыйны сродак
dezinfekcyonnoe sredstvo

інфекцыя
infekcyâ

вірус
virus

ВІЧ/СНІД
VIČ / SPID

лекі
lekarstvo

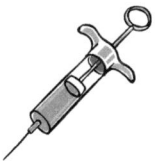
прышчэпка
privivka

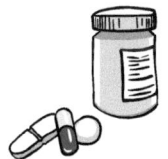
таблеткі
tabletki

супрацьзачаткавая таблетка
protivozačatočnaâ tabletka

экстраны выклік
èkstrennyj vyzov

танометр
pribor dlâ izmereniâ krovânogo davleniâ

хворы / здаровы
bol'noj / zdorovyj

шпіталь - bol'nica

экстраная дапамога
neotložnyj slučaj

Ратуйце!	сігналізацыя	напад
Pomogite!	signal trevogi	napadenie
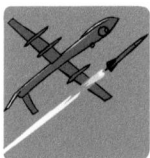		
атака	небяспека	аварыйны выхад
ataka	opasnosť	zapasnoj vyhod

Пажар!	вогнетушыцель	аварыя
Požar!	ognetušyteľ	nesčastnyj slučaj

аптэчка	COC	паліцыя
aptečka	SOS	milicyâ

Зямля
zemlâ

Еўропа
Evropa

Паўночная Амерыка
Severnaâ Amerika

Паўднёвая Амерыка
Ûžnaâ Amerika

Афрыка
Afrika

Азія
Aziâ

Аўстралія
Avstraliâ

Атлантычны акіян
Atlantičeskij okean

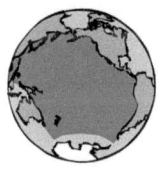
Ціхі акіян
Tihij okean

Індыйскі акіян
Indijskij okean

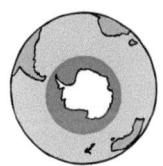
Паўднёвы ледавіты акіян
Antarktičeskij okean

Паўночны ледавіты акіян
Severnyj Ledovityj okean

Паўночны полюс
Severnyj polûs

Паўднёвы полюс
Ûžnyj polûs

Антарктыда
Antarktika

Зямля
zemlâ

краіна
suša

мора
more

востраў
ostrov

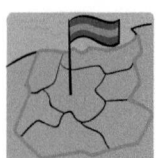
нацыя
nacyâ

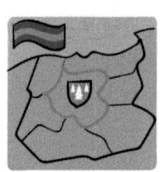
дзяржава
gosudarstvo

Зямля - zemlâ

гадзіннік
časy

цыферблат
cyferblat

гадзінная стрэлка
časovaâ strelka

хвілінная стрэлка
minutnaâ strelka

секундная стрэлка
sekundnaâ strelka

Колькі часу?
Kotoryj čas?

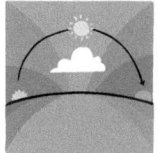
дзень
den'

час
vremâ

зараз
sejčas

электронны гадзіннік
èlektronnye časy

хвіліна
minuta

гадзіна
čas

тыдзень
nedelâ

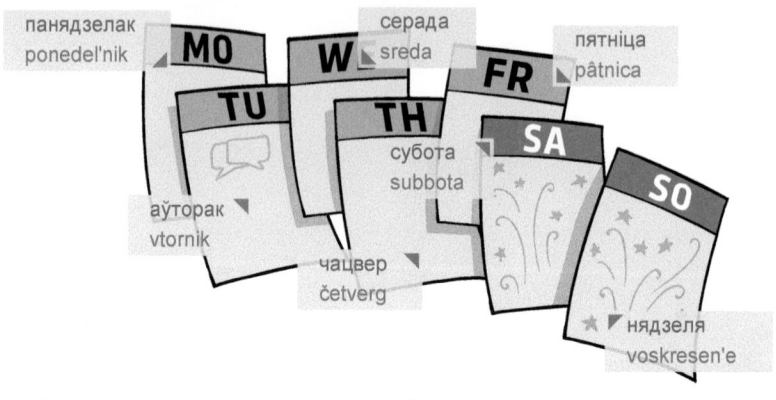

панядзелак / ponedel'nik
серада / sreda
пятніца / pâtnica
аўторак / vtornik
субота / subbota
чацвер / četverg
нядзеля / voskresen'e

ўчора

včera

сёння

segodnâ

заўтра

zavtra

раніца

utro

абед

polden'

вечар

večer

працоўныя дні

rabočie dni

выхадныя

vyhodnye

год

god

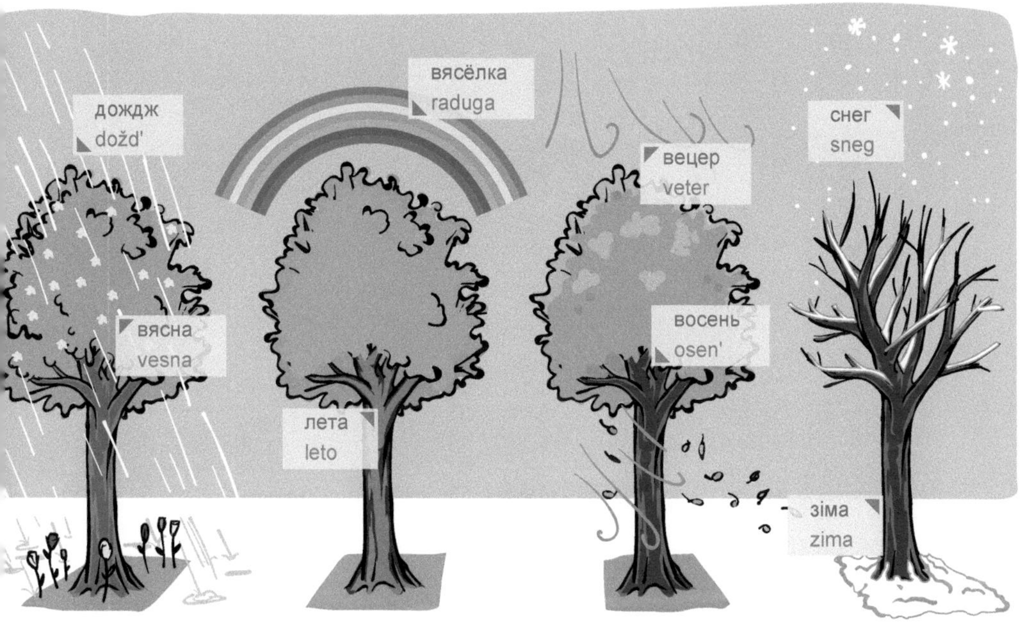

дождж
dožd'
вясёлка
raduga
вецер
veter
снег
sneg
вясна
vesna
восень
osen'
лета
leto
зіма
zima

4.APRIL 11°
5.APRIL 4°
6.APRIL 13°
7.APRIL 8°
8.APRIL 10°

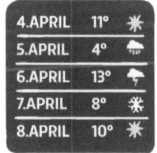

прагноз надвор'я

prognoz pogody

F C
120 40
90 30
60 20
30 10
0 0
-30 -10
-20

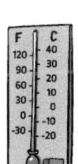

градуснік

termometr

сонечнае святло

solnečnyj svet

воблака

tuča

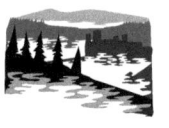

туман

tuman

вільготнасць паветра

vlažnost' vozduha

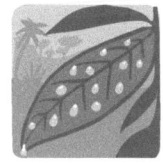

маланка / molniâ

гром / grom

бура / burâ

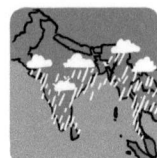

град / grad

мусонны вецер / musson

прыліў / navodnenie

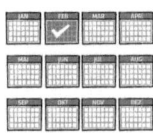

лёд / lëd

студзень / ânvar'

люты / fevral'

сакавік / mart

красавік / aprel'

май / maj

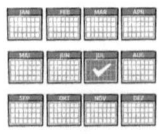
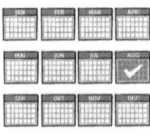

чэрвень / iûn'

ліпень / iûl'

жнівень / avgust

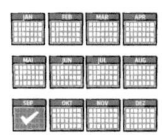
верасень
sentâbr'

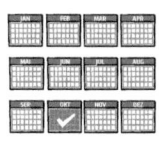
кастрычнік
oktâbr'

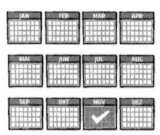
лістапад
noâbr'

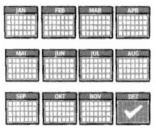
снежань
dekabr'

формы
formy

круг
krug

квадрат
kvadrat

прамавугольнік
prâmougol'nik

трохвугольнік
treugol'nik

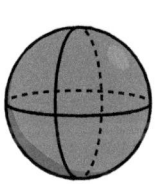
шар
šar

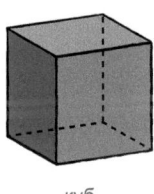
куб
kub

колеры
cveta

белы
belyj

жоўты
želtyj

аранжавы
oranževyj

ружовы
rozovyj

чырвоны
krasnyj

фіялетавы
lilovyj

сіні
sinij

зялёны
zelënyj

карычневы
koričnevyj

шэры
seryj

чорны
černyj

супрацьлегласці
protivopoložnosti

шмат / мала
mnogo / malo

злы / добры
ârostnyj / mirnyj

прыгожы / брыдкі
krasivyj / urodlivyj

пачатак / канец
načalo / konec

высокі / малы
bol'šoj / malen'kij

светлы / цёмны
svetlyj / temnyj

сястра / брат
brat / sestra

чысты / брудны
čistyj / grâznyj

поўны / няпоўны
polnyj / nepolnyj

дзень / ноч
den' / noč'

мёртвы / жывы
mërtvyj / žyvoj

шырокі / вузкі
šyrokij / uzkij

ядомы / неядомы
s"edobnyj / nes"edobnyj

злы / добры
zloj / druželûbnyj

узбуджаны / нудны
vzvolnovannyj / skučaûŝij

тоўсты / тонкі
tolstyj / hudoj

першы / апошні
snačala / v konce

сябар / вораг
drug / vrag

поўны / пусты
polnyj / pustoj

цвёрды / мяккі
tvërdyj / mâgkij

важкі / лёгкі
tâžëlyj / legkij

голад / смага
golod / žažda

хворы / здаровы
bol'noj / zdorovyj

нелегальны / легальны
nezakonnyj / zakonnyj

разумны / дурны
umnyj / glupyj

левы / правы
sleva / sprava

побач / далёка
blizko / daleko

овы / былы ва ўжыванні
novyj / poderžannyj

нічога / нешта
ničto / nečto

стары / малады
staryj / molodoj

укл / выкл
vklûčeno / vyklûčeno

адчынены / зачынены
otkryto / zakryto

ціхі / гучны
tiho / gromko

багаты / бедны
bogatyj / bednyj

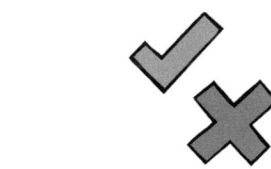

правільна / няправільна
pravil'nyj / nepravil'nyj

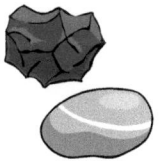

шурпаты / гладкі
šerohovatyj / gladkij

сумны / шчаслівы
pečal'nyj / sčastlivyj

кароткі / доўгі
korotkij / dlinnyj

павольны / хуткі
medlennyj / bystryj

вільготны / сухі
mokryj / suhoj

цёплы / халаднаваты
tëplyj / prohladnyj

вайна / мір
vojna / mir

супрацьлегласці - protivopoložnosti

лічбы
cyfry

0
нуль
nol'

1
адзін
odin

2
два
dva

3
тры
tri

4
чатыры
četyre

5
пяць
pât'

6
шэсць
šest'

7
сем
sem'

8
восем
vosem'

9
дзевяць
devât'

10
дзесяць
desât'

11
адзінаццаць
odinnadcat'

12 дванаццаць
dvenadcat'

13 трынаццаць
trinadcat'

14 чатырнаццаць
četyrnadcat'

15 пятнаццаць
pâtnadcat'

16 шаснаццаць
šestnadcat'

17 сямнаццаць
semnadcat'

18 васямнаццаць
vosemnadcat'

19 дзевятнаццаць
devâtnadcat'

20 дваццаць
dvadcat'

100 сто
sto

1.000 тысяча
tysâča

1.000.000 мільён
million

лічбы - cyfry

МОВЫ
âzyki

англійская
anglijskij

англійская (Амерыка)
amerikanskij anglijskij

кітайская мандарынская
mandarinskij kitajskij

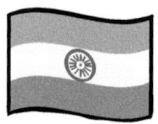
хіндзі
hindi

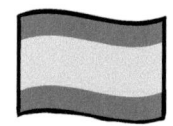
іспанская
ispanskij

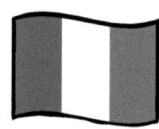
французская
francuzskij

арабская
arabskij

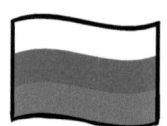
руская
russkij

партугальская
portugal'skij

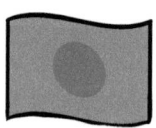
бенгальская
bengal'skij

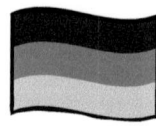
нямецкая
nemeckij

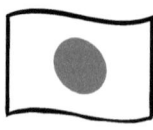
японская
âponskij

хто / што / як
kto / čto / kak

я
â

ты
ty

ён / яна / яно
on / ona / ono

мы
my

вы
vy

яны
oni

хто?
kto?

што?
čto?

як?
kak?

дзе?
gde?

калі?
kogda?

імя
imâ

дзе
gde

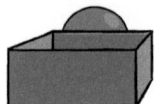

за

za

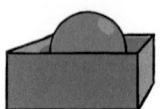

у

v

перад

pered

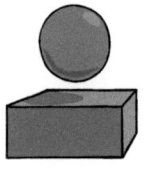

над

nad

на

na

пад

pod

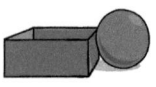

каля

râdom

паміж

meždu

месца

mesto